DIE BUCKET LIST FÜR
CAMPER

ist ein Imprint der

HEEL Verlag GmbH
Gut Pottscheidt
53639 Königswinter
Tel.: 02223 9230-0
Fax: 02223 9230-13
E-Mail: info@heel-verlag.de
www.heel-verlag.de

© 2021 HEEL Verlag GmbH, Königswinter

Verantwortlich für den Inhalt: Uli Böckmann, Chris Mende
Lektorat: Jürgen Schlegelmilch, Jan Weiden
Satz und Gestaltung: Lukas Markus, Bonn

Bildnachweis:
© Adobe Stock: Vectorovich, artbalitskiy, doublebubble_rus, Qualit Design, endstern, inst:@victoria_novak, Oleg Lytvynenko, AkimD, strichfiguren.de, SlothAstronaut, artbalitskiy, wendeliu, artbalitskiy, venimo, VRD, Kreatiw, Kreatiw, aksol, Kreatiw, aitormmfoto, Tristan3D, Kreatiw, drawlab19, Kreatiw, PikePicture, NikhomTreeVector , good_mood, aitormmfoto, mino21, Вячеслав Козырев, roman bykhalov, olga pink, Alex, yuromanovich, blueringmedia, Susann Schröter, GraphicsRF, kobra78, danielabarreto, airmel, anchalee, Jemastock, Qualit Design, artbalitskiy, Pixelfeger, Askhat, Buffaloboy, Lorelyn Medina, alfaori, pickypic, strichfiguren.de, ~ Bitter ~, strichfiguren.de, strichfiguren.de, kseniakr, good_mood, Kreatiw, doublebubble_rus, ambassador806, blattwerkstatt, GabiWolf, eyewave, chelovector, Amelie, Morphart, meiga, krissikunterbunt, lesniewski, Molnia, Agor2012, medwedja, schlaumal, norsob, smth.design, orhideia, Mountain Brothers, danielabarreto, blambca, Agor2012, Mark Stock, josepperianes, aluna1, eyewave, danielabarreto, Alexander Pokusay, Людмила Троценко, ady_sanjaya, bsd555, danielabarreto, Kreatiw, Jemastock, Lorelyn Medina, str33tcat, str33tcat, Denis, smth.design, Cathy Pons, Gluiki, diamondtetra, jenesesimr
© istockphoto: inkoly

Printed in Czech Republic

ISBN 978-3-96664-190-6

Bei allem Spaß am Camping gilt auch hier:

Stets gebotene Vorsicht walten lassen. Schließlich besagt eine alte Campingweisheit, dass Eltern für ihre Kinder haften und jeder für sich selbst.

ULI BÖCKMANN & CHRIS MENDE

DIE BUCKET LIST FÜR CAMPER

100 DINGE, DIE MAN BEIM CAMPING ERLEBT HABEN MUSS

Draußen schlafen. Der Natur ein gutes Stück näher kommen. Das Schlichte genießen. Und einfach weiterziehen, wenn einem danach ist: Diese Freiheiten kann ein Urlaub eigentlich nur dann bieten, wenn man sich mit Zelt, Wohnwagen oder Wohnmobil auf den Weg macht. Immer mehr Menschen nehmen das Minus beim Komfort in Kauf und machen für eine Zeit lang den Himmel zu ihrem Dach. Dass man dabei auch noch an die tollsten Orte kommt und die dollsten Sachen erlebt, ist eine beinahe zwangsläufige Begleiterscheinung.

In diesem Buch haben wir eine ebenso bunte wie reichhaltige Auswahl von Punkten zusammengetragen, die man sich als Camper guten Gewissens auf seine ganz persönliche Bucket List setzen kann. Da dürfte für jeden etwas Passendes dabei sein, egal ob weitgereister Vagabund, wettergegerbter Pfadfinder oder ahnungsloses Camping-Greenhorn.

Da bleibt eigentlich nur eines zu wünschen: Viel Spaß beim abarbeiten!

Uli Böckmann & Chris Mende
Frühjahr 2021

1. In Osco im Tessin in einer Jurte übernachten

Einmal schlafen wie die Nomaden in Zentralasien –
das geht auf über 1000 Metern Höhe im Leventina-Tal im Tessin.
Das Holz für's Lagerfeuer ist im Preis inbegriffen.

☐ 2.

IN RUMÄNIEN EINEN BRAUNBÄR BEIM FRÜHSTÜCK BEOBACHTEN

Es gibt rund 6000 Braunbären
in Rumänien, die meisten in Transsylvanien.
Man sollte allerdings mindestens
150 Meter Abstand halten.

3.

CAMPEN DIREKT
AM MEER

Nicht hinter den Dünen oder diesseits des Deichs, vielmehr mit der Stoßstange direkt an der Wasserkante: Das geht von März bis Oktober im „Wohnmobilhafen Harlesiel" in Wittmund. Hier gibt es 60 Plätze direkt an der Mole. Tipp für den ersten Besuch: Vorsicht beim Rangieren, gravierende Fehler sind irreversibel.

IM SCHLAFSACK AM GOLF VON PORTO DIE SONNE UNTERGEHEN SEHEN

4.

Der spektakulärste Küstenabschnitt auf Korsika findet sich
am Golf von Porto, der zum UNESCO-Weltkulturerbe gehört.
In den Felsen rechts und links des Strandes findet man
kuschelige Nischen für eine Nacht im Schlafsack.
Und nicht beirren lassen: Die Schüsse in der Nacht
gelten Wildschweinen, also besser nicht grunzen.

□ **5.**

EIN WILDSCHWEIN IM VORZELT ZU BESUCH HABEN

Danach erübrigt sich zumindest der Gang zum Mülleimer.
Eine persönliche Begegnung sollte allerdings vermieden werden ...

6.

UNTER EINEM WOLKENLOSEN HIMMEL SCHLAFEN UND DABEI EINE STERNBILD-APP NUTZEN

Das Firmament hält nachts insgesamt 88 international anerkannte Sternbilder bereit, die wenigsten davon sind der Allgemeinheit bekannt – oder kennen Sie „Luftpumpe", „Chemischen Ofen", „Schlangenträger", „Tafelberg" oder „Paradiesvogel"? Breitet sich des Nachts alles über dem Betrachter aus.

☐ IM ZELT BEI REGEN EINSCHLAFEN

Meditativer kann man nicht in den Schlaf getrommelt werden.
Im Vorfeld unbedingt die Dichtigkeit der Ausrüstung checken!

In der Dunkelheit endlich einen geeigneten Schlafplatz mit dem Wohnmobil finden und morgens auf einem Schulhof wach werden

Passiert gerade in ländlichen Gebieten immer wieder, denn die Schulen liegen dort gerne mal am Ortsrand und locken mit mäßig ausgeschilderten Flächen. Tipp: Sich so lange schlafend stellen, bis die große Pause vorbei ist.

9. Auf dem höchstgelegenen Campingplatz Europas übernachten

Der im Schatten des 4171 Meter hohen Dent d'Hérens
höchstgelegene Campingplatz der Schweiz ist zugleich der höchste
in ganz Europa: Auf 1950 Metern ist die Luft auf dem Camping Arolla
am Ende des Val d'Hérens im Wallis allerdings schon mächtig dünn.
Doch näher kann man dem Himmel beim Camping
in Europa nicht kommen.

□ *10.*
GANZ ALLEIN CAMPEN

Familie und Freunde können prima Camping-Genossen sein, aber manchmal sollte man auch mal nur an sich denken. Mehr Rückzug als im Zelt ist wohl nicht möglich.

11.
DIE DUNKELHEIT SUCHEN

Der „Campinglatz Havelland" liegt im ersten Sternenpark
Deutschlands und ist der dunkelste Campingplatz des Landes.
Für den Schutz der natürlichen Dunkelheit wird auf einen nur
gezielten Einsatz von künstlichem Licht in diesem Gebiet gesetzt.
Näher kann man einem schwarzen Loch nicht kommen.

Mit dem Wohnmobil zum Oktoberfest

□ 12.

Das Oktoberfest-Camping auf dem Messegelände in München-Riem ist ausschließlich während der „Wiesn" geöffnet und bietet auf einer Fläche von 150.000 qm Platz für 1500 Wohnmobile. In der Disco auf dem Platz kann bis 3 Uhr nachts weitergefeiert werden. Einen ähnlichen Erlebniswert bietet nur der Versuch, rund um die Festwiese einen Stellplatz für sein Wohnmobil zu finden.

13.

In einem Liner im Death Valley campieren

Am 17. August 2020 wurde im Death Valley National Park in der Mojave-Wüste die höchste jemals auf der Erde gemessene Lufttemperatur registriert: 54,4 °C! Da braucht es schon die Klimaanlage, die in einem Liner, der Königsklasse der Wohnmobile, obligatorisch ist.

DEN SONNENAUFGANG AUF EINEM ZELTPLATZ IN DER NORMANDIE ERLEBEN

Allein zwischen Dieppe und Granville stehen an der Küste
dafür mehr als 200 Campingplätze zur Verfügung.
Der Sonnenaufgang ist allerdings überall derselbe.

AUF DEM „WACKEN OPEN AIR" ZELTEN

Alljährlich am ersten Augustwochenende feiern sich in Wacken rund 80.000 Heavy-Metal-Fans ins Wachkoma, zum Festival gehört auch ein rund 200 Hektar großer Zeltplatz. Die Tickets sind allerdings innerhalb weniger Stunden ausverkauft.

IM CAMPING-FASS ÜBERNACHTEN

☐ **16.**

Die stylischen Holztonnen kann man inzwischen auf einer Vielzahl von Campingplätzen buchen. Extra große Camping-Fässer bieten sogar Platz für eine vierköpfige Familie, mit eigener Toilette und Waschtisch und selbstverständlichen Zivilisations-Gadgets wie Kühlschrank, Kaffeemaschine und Wasserkocher.

IN EINEM TIPI ÜBERNACHTEN

17.

Schlafen wie die Ureinwohner Nordamerikas und so eine der ursprünglichsten Arten des Campens erleben.

18.

IN EINEM NIEDERLÄNDISCHEN CAMPING-MEGASTORE EINKAUFEN GEHEN UND SICH EINE KOMPLETTE CAMPINGAUSRÜSTUNG ZULEGEN

Hinterher hat man eine Ahnung davon, warum die Holländer vollkommen zu Recht als Europas Camping-Großmeister gelten.

☐ **19.**

Wild campen

Das ist nicht überall verboten,
z. B. in Schleswig-Holstein oder auch Skandinavien geht das.

IN DER HÄNGEMATTE SCHLAFEN

Wenn das Wetter stimmt und mindestens zwei Bäume in der Nähe sind, sollte man sich dieses besondere Schlaferlebnis nicht entgehen lassen. Aber Vorsicht: Die Auswahl der richtigen, auf Englisch „Hammock" entscheidet über die Qualität des wohlverdienten Schlafs. Bewährt haben sich Tuchhängematte (stabil, bequem und – wichtig – hält von unten warm) oder eine feinmaschige Netzhängematte, die sich hervorragend an den Körper anpasst und in schwülen Sommernächten für gute Belüftung sorgt.

Egal, welches Hammock-Modell: Auf eine sichere Befestigung achten und stets passende Baumgurte und Aufhängeseile verwenden. Ideale Befestigungshöhe für eine Hängematte: 1,80 bis 2 Meter. Ganz wichtig: Auf die richtige Liegeposition achten!

□ **21.**

Einmal mit dem Fahrrad
Campingurlaub machen

So lernt man dann auch ganz spielerisch, sich auf´s Wesentliche zu reduzieren. Hilfreich bei diesem Unternehmen ist die Seite www.bettundbike.de vom Allgemeinen Deutschen Fahrrad Club (ADFC), dessen Bett+Bike-App zahlreiche Adressen für zeltende Fahrradreisende bietet.

Bundesland-Hopping

☐ 22.

In einem Trip alle 16 Bundesländer sehen. Nur Landstraßen benutzen und jeden Tag in einem anderen Bundesland übernachten. Deutschlandtour mit dem Wohnmobil mal anders.

23.

MIT DEM SURFBRETT IM BULLI AM MEER ÜBERNACHTEN UND MORGENS DIREKT IN DIE WELLEN SPRINGEN

Es gibt wohl kaum etwas Cooleres als bei strahlender Sonne und azurblauem Morgenhimmel mit dem Brett in die rauschenden Wellen zu springen. Je nach Gewässer unbedingt auf den Hai-Alarm achten!

24.

MARSHMALLOWS GRILLEN

Ein klebrig-süßer Klassiker am Lagerfeuer. Sind Kinder dabei, lernt man auch zu teilen. Ursprünglich wurden Marshmallows übrigens aus dem Saft der Wurzeln des *Echten Eibischs* hergestellt. Der Name der Süßspeise leitet sich von der englischen Bezeichnung marshmallow (Sumpf-Malve, mit Hibiskus, Kakaobaum und Baumwolle verwandt) ab. Sehr hilfreich: Bereits vor vielen Jahrhunderten stellte man aus den Wurzeln der Eibisch-Pflanze kandierten Zucker her, der als Heilmittel gegen Erkältung diente. Als Heilmittel dient der heutige Marshmallow aber nur noch bedingt: Die Schaumzuckerware besteht aus Zucker, Eischnee, Geliermittel sowie Aroma- und Farbstoffen.

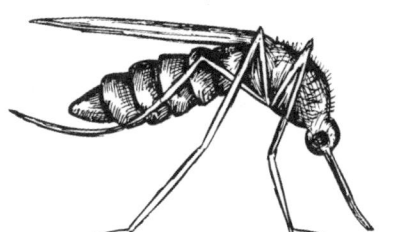

Gemeinsam mit einer Mücke im Zelt übernachten

25.

Auch der Dalai Lama muss das schon erlebt haben: „Falls du glaubst, dass du zu klein bist, um etwas zu bewirken, dann versuche mal zu schlafen, wenn eine Mücke im Raum ist."

FEUER MACHEN WIE DIE URMENSCHEN

26.

Feuerzeug und Zündhölzer sind verboten, Feuerstein und Reibung jedoch nicht. Ganz wichtig: Die Größe des Feuers richtig einschätzen, damit es nicht außer Kontrolle gerät, aber auch nicht ausgeht. Außerdem stets auf eventuelle Feuer-Verbote achten.

Höherentwickelte Urmenschen nutzen auch gerne ein Brennglas oder eine 9-Volt-Batterie in Kombination mit Stahlwolle, um das Feuer in Gang zu bringen. Diese Hilfsmittel sind bei der echten Urmensch-Challenge allerdings tabu!

IN AFRIKA ZWISCHEN WILDEN TIEREN ZELTEN

In Namibia kann man im Dachzelt auf dem Geländewagen zwischen Löwen und Giraffen in freier Wildbahn träumen — falls man Schlaf findet.

AM
WURZENPASS
MIT DEM
WOHNWAGEN
HOCHZIEHEN
LASSEN

28.

Der Wurzenpass führt von Österreich nach Slowenien und ist mit 1071 Metern nicht sehr hoch, dafür jedoch mit bis zu 18 % Steigung extrem steil. Aber keine Sorge, an den besonders haarigen Abschnitten lauern Einheimische mit starken Pick-ups, die jeden aus seiner misslichen Lage befreien können und ihn für den Gegenwert einer Urlaubswoche auf die Passhöhe ziehen.

☐ 29.

IM ZELT
EIN GUTES
BUCH LESEN

Sie sammeln permanent irgendwelche literarischen
Schätzchen, die Ihnen begegnen und kommen aber nie
dazu, diese dann auch zu lesen? Jetzt ist die richtige Zeit.

MIT DEM WOHNWAGEN RÜCKWÄRTS RANGIEREN

Diese Königsdisziplin des Gespannfahrens sollte man nicht erst auf dem Campingplatz trainieren. Auch den Einsatz der so genannten Mover sollte vor dem Eintreffen am Standplatz geprobt werden.

☐ **31.**

Glühwürmchen fangen

Schnappen Sie sich ein Glas mit Verschluss und gehen sie auf die Jagd. In Japan ist das Kult. Es gibt weltweit etwa 2000 Arten von Glühwürmchen (Lampyridae).

Sex im Zelt haben

Kann im Hochsommer einen Saunagang ersetzen. Achten Sie auf jeden Fall unbedingt auf genügend räumliche Distanz zu eventuellen Nachbarzelten …

PICKNICK AUF EINER DECKE MACHEN

Der Klassiker unter den Naturerlebnissen. Eigentlich überall möglich.

☐ 33.

□ **34.**

EINE WOCHE LANG RAVIOLI ESSEN

Ob warm oder kalt – das kulinarische Schweizer Taschenmesser unter den Camp-Foods legt jeden Geschmacksnerv blank, spätestens ab Tag drei. Wer auf der Suche nach einer Alternative ist, dem sei an dieser Stelle Punkt 46 empfohlen.

☐ 35.

AUF DEM SCHÖNSTEN CAMPINGPLATZ EUROPAS ÜBERNACHTEN

Eingebettet in die prächtige Bergwelt der Berchtesgadener Alpen und Loferer Steinberge, konnte Grubhof Camping in St. Martin im Salzburger Land (Österreich) diesen Titel bereits vier Mal für sich beanspruchen – muss also was dran sein.

36. Sich einmal vom Zeltnachbarn in den Schlaf schnarchen lassen

Für die besonders Harten geht das Ganze natürlich auch in Stereo.

☐ **37.**

DAS ERLEBNIS DER BESONDEREN ART:
CAMPING X-TREME

Die Zeit in der Natur nutzen, um bei sich selbst anzukommen, also Smartphone, Laptop und Tablet einfach mal zuhause lassen. Extremer kann man nicht campen.

IM SCHLAFSACK FESTSTECKEN

Die Blase drückt infernalisch, aber der Reißverschluss des Mumienschlafsacks hat sich festgezogen – kurz bevor dann auch noch der Zipper abreißt. Wohl dem, der ein Klappmesser mit im Sack hat.

☐ **38.**

39.

KINDER BEI DER NACHTWANDERUNG ERSCHRECKEN

Dann muss man auch vielleicht am nächsten Morgen den Frühstückstisch nicht wieder allein decken.

□ **40.**

OHNE PLANUNG UND GPS
EINFACH MAL LOSFAHREN

Die wohl spannendste Art des Campingurlaubs.
Sich treiben und überraschen lassen und Orte
entdecken, die man sonst vielleicht nie
gefunden hätte. Kraftstoff und Vorräte
sollten reichlich an Bord sein.

☐ **41.**

Neben einem Wildbach campen

„Camping Tuani" im Restonica-Tal auf Korsika gehört zu den ersten Adressen, wenn man von einem Wildbach in den Schlaf gerauscht werden möchte. Wildromantischer geht es nicht.

□ 42.

IM EIGENEN GARTEN CAMPEN

So lernt man sein Zuhause von einer ganz neuen Seite kennen. Und testet zugleich sein Equipment.

Campen mit fünf Sternen

Lieber Luxus statt
Luftmatratze? Beim „Glamping"
(glamourous camping) sind die Camper
König – ob im Zirkuswagen oder im
gemütlichen Schlaffass.

☐ 43.

Auf einer Ameisenstraße zelten

Auch in der freien Natur kann man mitten im fließenden Verkehr stecken. Auch hier gilt: Es soll Zeitgenossen geben, die juckt das nicht ...

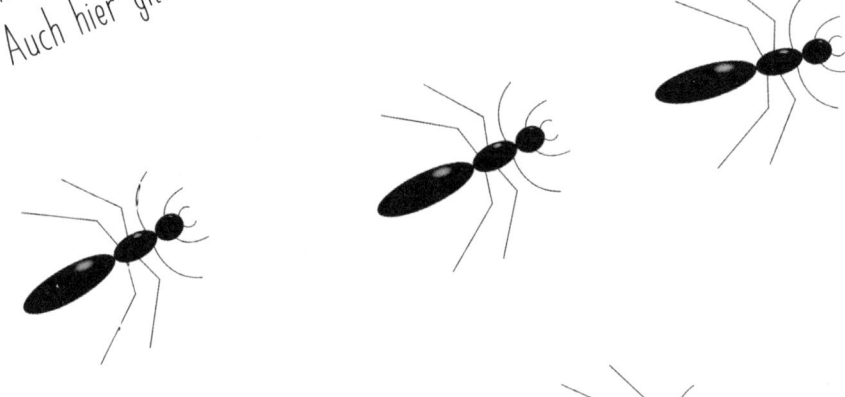
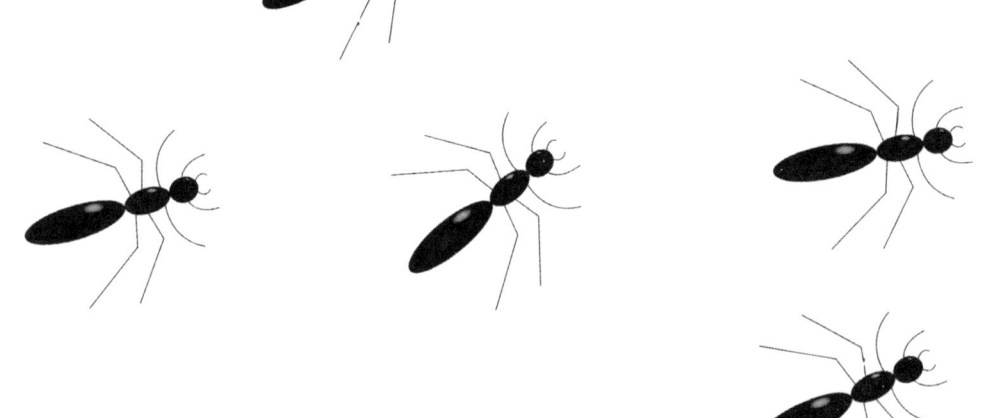
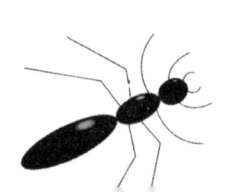

□ 45.
Auf einem uralten Bauernhof campen

Wer mal bäuerlich rustikal in Gesellschaft von Rindern, Schafen, Eseln und Schweinen campieren möchte, findet unter **landvergnuegen.com** die richtigen Adressen.

46.

ABENDLICHES DINNER MIT DISCOUNTER-ROULETTE

Man kaufe eine Palette verschiedener Konserven, entfernt die Etiketten und lasse sich überraschen. Für Feinschmecker: Das Mixen verschiedener Dosen offenbart interessante Geschmackserlebnisse.

47.

EINEN
WANDERSTOCK
SCHNITZEN

Zum Campen gehört das Wandern ebenso
wie ein Messer – bis zu einem zünftigen Stock
ist es da nicht mehr weit. Besonders gut für
einen stabilen Wanderstock eignen sich
übrigens Harthölzer wie Erle, Ahorn,
Kirsche oder Espe.

☐ 48.

DIE FALSCHEN ADAPTER MITNEHMEN

Und so die vielen unterschiedlichen Strom-Systeme in Europa entdecken.

□ **49.**

DIE GRÖßTE SANDBURG AM STRAND BAUEN UND MIT MUSCHELN AUSSCHMÜCKEN

Aber nicht auf Sylt – dort ist
das Bauen von Sandburgen verboten.

AM WESTLICHSTEN PUNKT EUROPAS SCHLAFEN

Er liegt in Cabo da Roca in Portugal, vom Campingplatz
„Parque De Campismo Orbitur" kann man zu Fuß hingehen.
Hier steht übrigens auch der westlichste Leuchtturm
(Inbetriebnahme 1772) auf dem europäischen Festland.
Nicht zu verfehlen: 38° 46´,99 N Breite und
09° 29´,75 W Länge.

AUF DEM PARKPLATZ „BRÜNNCHEN"
AM NÜRBURGRING CAMPIEREN

Der öffentliche Parkplatz „Brünnchen" liegt direkt an der B 412 an
der Nordschlcife des Nürburgrings zwischen Döttinger Höhe und Hohe Acht.
Drei Kurven der Rennstrecke sind von hier gut einsehbar. Das morgendliche
Wecken durch das infernalische Geschrei eines Supersportwagens ist einfach
der perfekte Start in den Tag.

51.

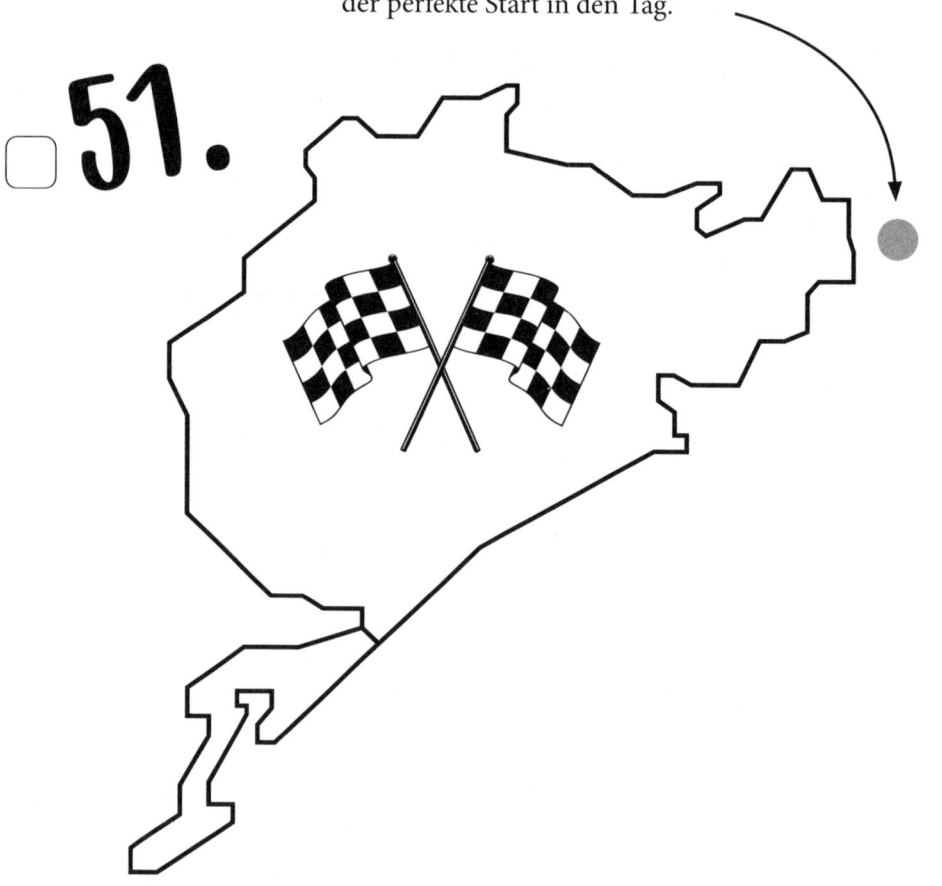

NACKT CAMPEN

Will man das weitgehend konfliktfrei gestalten, bietet sich dafür ein FKK-Campingplatz an. So kommt man auch in den Genuss eines Stückchens Exklusivität: Es gibt nicht viele ausgewiesene Plätze dieser Art in Deutschland.

53.

NAVI FALSCH PROGRAMMIEREN

Schon ein kleiner Tippfehler reicht, um alljährlich dutzende Wohnmobilisten
an den falschen Zielort zu bringen. Der liegt nicht selten hunderte
Kilometer vom eigentlichen Urlaubsort entfernt –
ist mit Glück aber auch recht schön.

IM WINTER CAMPEN

☐ **54.**

Klingt grenzwertig, liegt aber voll im Trend –
immer mehr Camper zieht es auch in der kalten
Jahreszeit nach draußen. Auch ein Highlight:
Übernachtungen im Iglu.

☐ 55.

AUF EUROPAS LÄNGSTER VERKAUFSMEILE FÜR WOHNMOBILE SHOPPEN GEHEN

An der B1 bei Mülheim an der Ruhr findet man den größten
Mobilien-Markt des Kontinents. Im Jahr 1959 eröffnete der erste Händler
an der Caravan-Straße, wo heute rund 700 mobile Wohnzimmer
auf einen neuen Besitzer warten.

56.

DIE „MUNDORGEL" ABSINGEN

Mit Deutschlands bekanntestem Fahrten-Liederbuch kann man am Lagerfeuer spielend die Stimmung hoch halten – und muss nicht länger nur verschämt die Lippen bewegen. Die Idee eines handlichen Liederbuchs entstand im Jahre 1951 auf einem Sommerlager des Evangelischen Jungmännerwerkes (Kreisverband Köln) und erschien erstmals zwei Jahre später als Textbuch für den Preis von 50 Pfennig.

Bis heute wurden 11 Millionen Exemplare der „Mundorgel" – eine wörtliche Übersetzung des englischen Begriffs mouth organ (Mundharmonika) – verkauft, weitere 3 Millionen als Notenausgabe.

MIT DEM WOHNMOBIL DIE YUNGAS-STRAßE IN BOLIVIEN BEFAHREN

57.

Die Yungas-Straße gilt als die gefährlichste Straße der Welt, führt über rund 80 Kilometer von La Paz durch den Amazonas-Regenwald nach Coroico und durchquert dabei nahezu alle Klimazonen Südamerikas. Achtung: Nichts für Camping-Rookies!

☐ **58.**

MIT EINEM EINFLAMMEN-GASKOCHER EIN DREI-GÄNGE-MENÜ ZAUBERN

Denn Camping heißt nicht automatisch auch Verzicht.

□ 59.

OHNE ANLEITUNG EIN WURFZELT ABBAUEN

Ein Zelt in die Luft werfen und es bereits aufgebaut landen lassen – das kann ja jeder. Wie man das Ganze am Ende aber in weniger als zwei Stunden wieder in den Packsack kriegen soll, bleibt ein Rätsel.

60.

AUF FELSIGEM UNTERGRUND CAMPIEREN UND NUR SAND-HERINGE DABEI HABEN

Erst unter solchen Umständen zeigt sich der Meister
der Improvisation. Es gibt rund zehn Arten von
Zeltheringen, die in Form und Material
unterschiedlich sind. Tipp: Der dicke
Hammer hilft nicht immer.

Mit dem Womo auf dem Rastplatz quer auf mehreren Parkplätzen stehen

So lernt man ruckzuck jede Menge Flüche aus aller Herren Länder kennen – und kann im Bedarfsfall zügig den Ort des Geschehens verlassen.

61.

62.
IN EINEM FREMDEN
GARTEN CAMPEN

Wer sich mit seinem Zelt lieber unter die Einheimischen
mischen möchte – campspace.com oder mycabin.eu lassen
einen die Gärten dieser Welt erblicken.

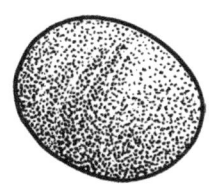

EINEN STEIN VOM LAGERFEUER ALS „WÄRMFLASCHE" BENUTZEN

Ist der Stein groß genug, wärmt er die ganze Nacht.

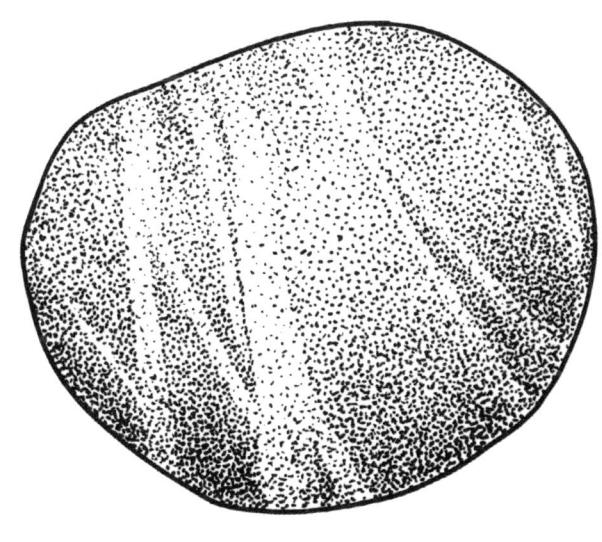

☐ **64.**

DEN 5-STERNE-TOILETTEN-TRICK ANWENDEN

Jedes 5-Sterne Hotel hat eine öffentliche Bar –
da reicht ein Espresso an der Theke, um in den Genuss
einer blitzsauberen Toilette zu kommen.

In einem Zirkuswagen Übernachten

Besonders für die kleinsten Camper unter uns ein echtes Erlebnis.

☐ **65.**

66.

AUF DEUTSCHLANDS ÄLTESTEM CAMPINGPLATZ ÜBERNACHTEN

Da kann man auch gleich eine Dom-Besichtigung einplanen, denn der älteste Platz des Landes ist „Camping Berger" in Köln. Der im Ortsteil Rodenkirchen an Rheinkilometer 681 gelegene Platz wurde 1931 eröffnet.

☐ **67.**

MIT EINER LEEREN AUTOBATTERIE IM NIRGENDWO STEHEN, WEIL DIE KIDS EWIG MUSIK GEHÖRT HABEN

So gewinnen Songs wie „Wo bist Du jetzt?" von Echt oder „Power" von Katy Perry deutlich an Tiefe …

AM ÖSTLICHSTEN PUNKT EUROPAS SCHLAFEN

Dazu muss man nach Workuta im äußersten Nordosten Russlands.
Dahin kommt man aber nur im Winter über die zugefrorenen
Flüsse. Wichtiger traditioneller Feiertag:
Tag des Rentierzüchters.

☐ **68.**

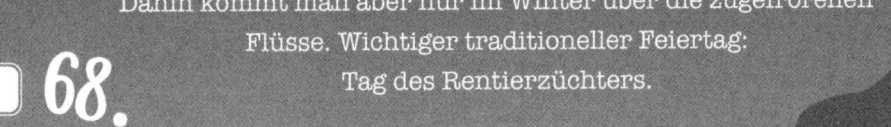

MIT DEM WOHNMOBIL AM NORDKAP DEN SONNENAUFGANG ERLEBEN

Ideal dafür sind die Monate September, Oktober, Februar und März, denn dann kann man auch helle Polarlichter sehen.

EIN NATURHÖRSPIEL PRODUZIEREN

Vogelzwitschern, Wasserrauschen, Meeresbrandung – einfach mit dem Smartphone aufnehmen und zuhause weiterträumen.

☐ **70.**

MIT DEM WOHNMOBIL AM UFER DER AHR MIT DEM HOCHWASSER UM DIE WETTE FAHREN

Noch heute spricht man über das folgenschwere Hochwasser im Kreis Ahrweiler von 1804 – vor mehr als 200 Jahren also. Ungefähr so schnell sollte man auch fahren, um dem Ganzen rechtzeitig zu entkommen.

IM BAUWAGEN IM RUHRPOTT SCHLAFEN

In Essen-Horst geht das bei „Ruhrcamping"
sogar direkt am Ufer der Ruhr und dem
nahegelegenen Ruhrtalradweg. Alle
Bauwagen sind nach Essener Stadt-
teilen benannt und bieten maximalen
Luxus auf minimalem Raum. Mehr
Ruhrpott-Romantik geht nicht

☐ **72.**

SEINEN WOHNWAGEN VERNICHTEN

Wer seinen Wohnwagen spektakulär abwracken möchte, hat beim traditionellen „Grimmener Wohnwagen-Vernichtungsrennen" in der Nähe von Stralsund die Gelegenheit dazu. Dieses Spektakel ist ein Highlight des jährlichen Stockcar-Rennens im „Grimmener Hexenkessel".

74.

IN EINEM FREMDEN ZELT WACH WERDEN

Vielleicht weiß die leere Rotweinflasche neben Ihnen, wie das passieren konnte.

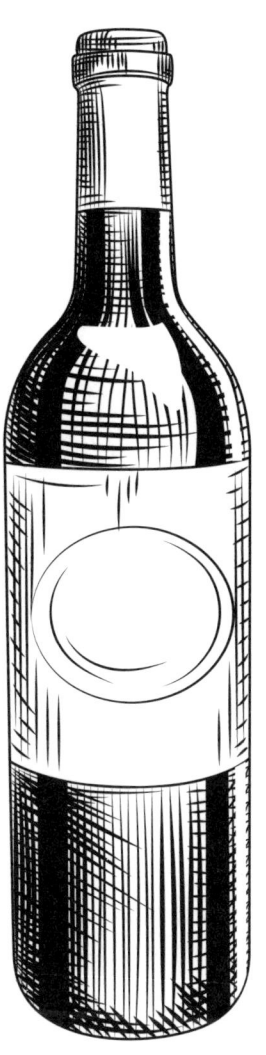

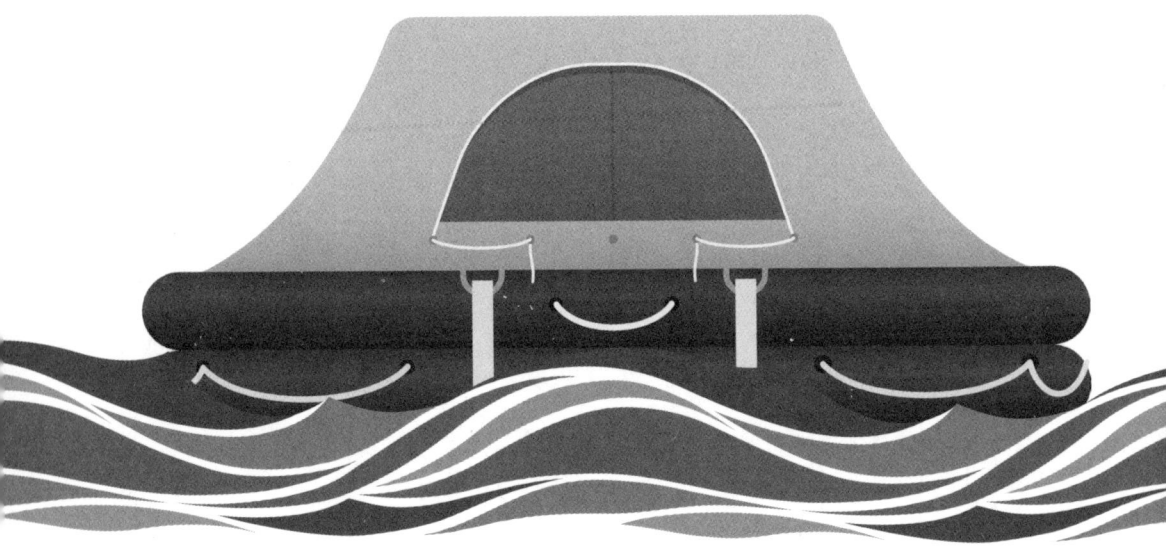

AUF DEM WASSER ÜBERNACHTEN

Das „Shoal Tent" ist Gummiboot und Zelt zugleich, womit sich die Zahl
möglicher Campgrounds potenziert – 70 Prozent der Erdoberfläche
besteht aus Wasser. Gute Nachricht für alle Zeltaufbau-Muffel: Mit einer
im Lieferumfang enthaltenen Fußpumpe wird die gesamte Konstruktion
einfach aufgeblasen. Besonders reizvoll ist die Schlafqualität: Hier
spricht der Hersteller von einer Mischung aus Luftmatratze und
Wasserbett. Im Idealfall werden die Insassen dank der
sanften Wellen in den Schlaf
geschaukelt.

TRAMPEN MIT DEM ZELT

Scheint ausgestorben, gehört aber zu den elementaren Roots des Campings.

IM WOHNMOBIL DIE ÜBERFÜLLUNG DER TOILETTENCASSETTE ÜBERSEHEN

Tiefer kann man kaum in die menschliche Realität eintauchen – Nase zu und durch.

☐ **77.**

IN EINER LEERSTEHENDEN WOHNUNG CAMPEN

Während des Kulturfestivals „Rostfest" im österreichischen Eisenerz kann man in den ehemaligen Wohnungen der Bergarbeiter campieren.

EINMAL MIT DEM WOHNMOBIL DIE
STUNTNEY BRIDGE
IN ELY ERFOLGREICH UNTERQUEREN

Die Stuntney Bridge in England
überquert die A 142 in einer Höhe von nur 2,70
Metern. Trotz auffälliger Warnhinweise sind in den letzten
zehn Jahren mehr als 160 Fahrzeuge unter ihr steckengeblieben.
Darunter auch viele Wohnmobile, denn gut die Hälfte aller Fahrer kennt die
Höhe ihres Fahrzeuges nicht. Tipp: Das Steckenbleiben kann man auch super
zuhause in Parkhäusern üben! Einfacher ist natürlich ein selbstgemalter Warn-
zettel auf dem Armaturenbrett mit Angaben zur Höhe und Breite des Fahrzeugs.

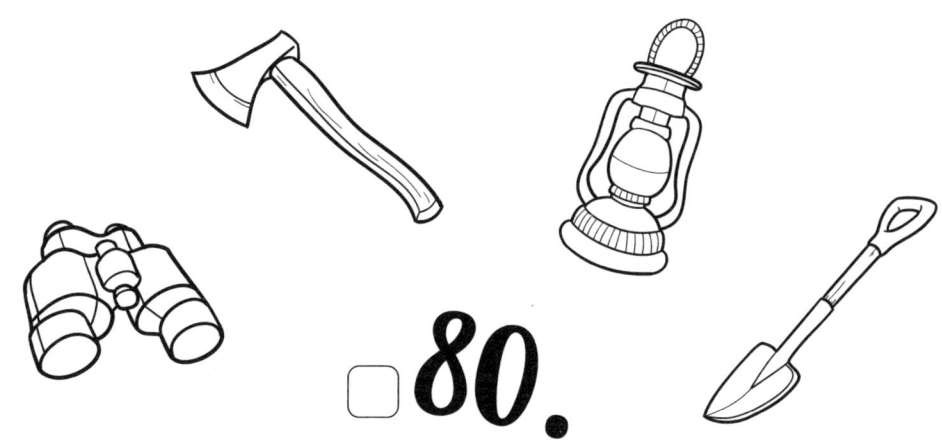

□ **80.**

CAMPING-UTENSILIEN SELBER BASTELN

Dank der vielen DIY-Camping-Listen im Internet kann jeder schon bald eine Pommes-Gabel in einen High Speed-Internetanschluss verwandeln.

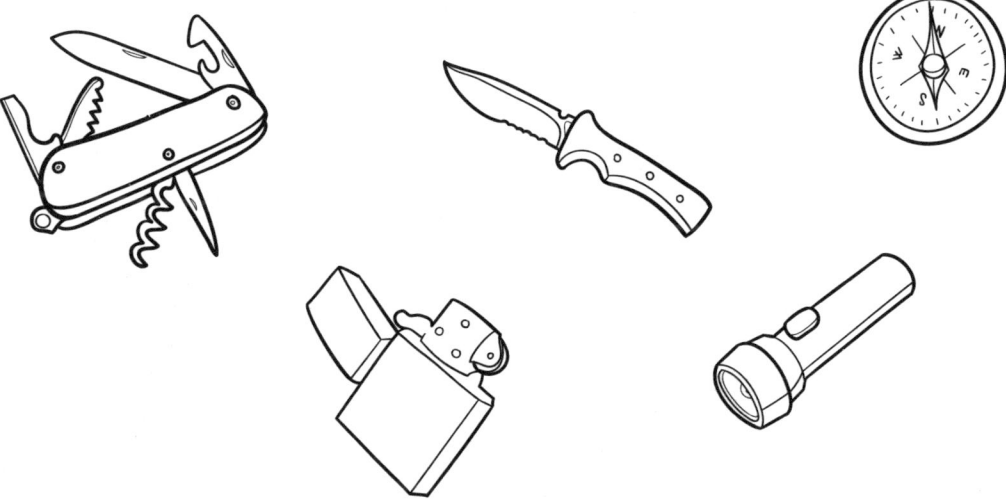

☐ **81.**

SEINEN CAMPINGURLAUB UMWELTBEWUSST GESTALTEN

Die Initiative ECOCAMPING unterstützt Campingplätze, die mit einem besonders nachhaltigen oder klimabewussten Konzept aufwarten.

□ *82.*

EIN CAMPING-OLDTIMERTREFFEN BESUCHEN

Das geht zum Beispiel einmal im Jahr in Duisburg.
Dort kann man beim Oldtimertreffen auf der Mühlenweide
erleben, wie einst Oma und Opa gecampt haben.

IN EINEM BAUMZELT SCHLAFEN

Warum nicht mal zwischen den Bäumen über den Dingen schweben? Wie schrieb Franz Kafka auf einer Postkarte von einer Böhmerwaldreise an seinen Freund Max Brod im Jahre 1918: „Denn in den Wäldern sind Dinge, über die nachzudenken man jahrelang im Moos liegen könnte." Möglichkeiten dazu findet man in ganz Europa.

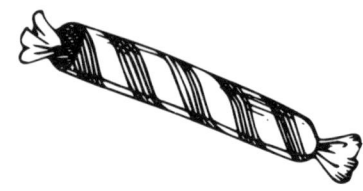

84.

ABENDS MIT SÜSSIGKEITEN IM ZELT EINSCHLAFEN

Und so auch die wohl beste aller Methoden entdecken,
um Ameisen und anderes Getier anzulocken.

☐ **85.**

AUF DEUTSCHLANDS NÖRDLICHSTEM CAMPINGPLATZ ÜBERNACHTEN

Den findet man in
Kampen auf Sylt.

86.

AUF DEM CAMPINGSTUHL EINSCHLAFEN

Dazu muss man nicht zwingend betrunken sein, es gibt tatsächlich auch bequeme Campingstühle.

☐ **87.**

EINE DOPPELLUFTMATRATZE ZUM KATAPULT UMFUNKTIONIEREN

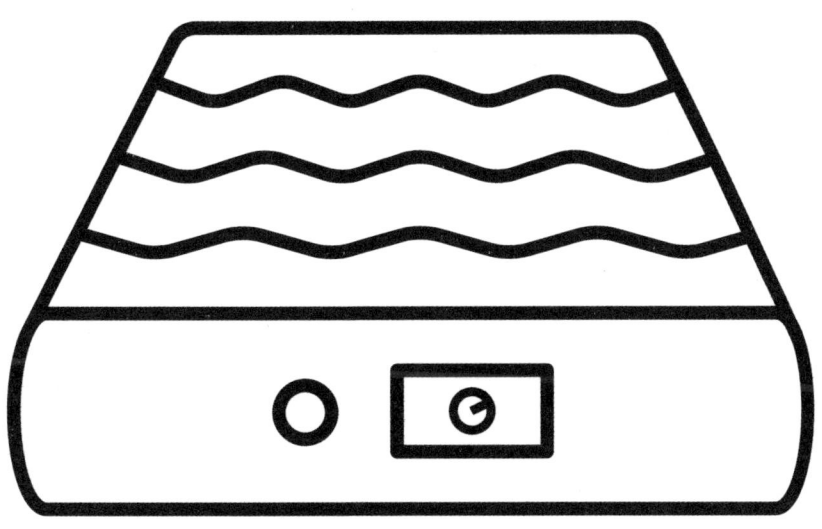

Funktioniert aber nur, wenn die Matratze schleichend Luft verliert, der Partner bereits seit Stunden darauf schläft und man sich dann mit Schwung draufwirft. Hat sich auch als effektiver Wecker bewährt und hilft im Bedarfsfall, den gefürchteten Camping-Coller zu überwinden.

□ 88.

Mutter-&-Kind-Camping

In Brandenburg findet man die CAMPELSE, ein von Frauen und Kindern gestalteter Campground nur für Frauen und Kinder. Papis müssen draußen bleiben. Nur eine Stunde von Berlin entfernt liegt der 20.000 qm große Platz im Hohen Fläming zwischen dem idyllischen Reppinichen und dem Töpferort Görzke.

89.
EIN NATURKLO BAUEN

Dazu gibt es tatsächlich einen wertvollen Buchtipp: „How to shit in the woods". Man wird staunen, was es da alles zu wissen gibt.

Auf Deutschlands größtem Campingplatz übernachten

2,1 Millionen Quadratmeter, über 2000 Stellplätze –
der Campingplatz „Grav-Insel" auf der Rhein-Halbinsel
Grav bei Wesel ist der größte.

EINE CAMPER-TAUFE FEIERN

Einfach sein Zelt vor angekündigtem
Starkregen in einer Senke aufbauen –
funktioniert garantiert.

92. AM SÜDLICHSTEN PUNKT EUROPAS SCHLAFEN

Ganz nah kommt man ihm auf dem Campingplatz „Torre de Peña"
in Punta de Tarifa in Anadalusien, Spanien. Marokko ist nur einen
Katzensprung (gut 50 Kilometer Luftlinie) entfernt.

IM WOHNWAGEN-HOTEL ÜBERNACHTEN

93.

Im Berliner Hotel „Hüttenpalast" kann man in einem von drei liebevoll eingerichteten Wohnwagen übernachten.

☐ **94.**

Morgens von Vogel-Gezwitscher geweckt werden

Der beste Weckdienst überhaupt:
Mit einem Vogelkonzert in den Tag starten.
Bei rund 300 Vogelarten in Deutschland ist
die Chance für ein solches Open-Air-Event
durchaus vorhanden.

DEN CHEF ANRUFEN UND SPONTAN UM EINE URLAUBS-VERLÄNGERUNG BITTEN

Wenn kurz vor der Ankunft in heimischen Gefilden der vierrädrige Gefährte im Kampf gegen den Schlamm auf der verregneten Wiese nur zweiter Sieger bleibt und der Bauer erst Tage später mit seinem rettenden Bulldog auftaucht, dann kann so mancher ambitionierte Reisezeitplan die Urlaubsstimmung drücken. Da hilft auch nicht die Vorfreude auf die netten Kommentare der Kollegen. Immerhin war die Wiese sehr einsam gelegen ...

95.

☐ 96.

Serviervorschlag: Bluetooth-Salat

Sie liegen schon tief eingekuschelt im Schlafsack, haben aber vergessen, den Bluetooth-Lautsprecher auszuschalten, der sich plötzlich mit dem Smartphone eines Zeltnachbarn connected – dummerweise ein Heavy Metal-Fan. Da weht ein Hauch von Festival über den Platz, überlegen Sie sich also ruhig schon mal, wie Sie das erklären – der Lärm kommt schließlich aus IHREM Lautsprecher.

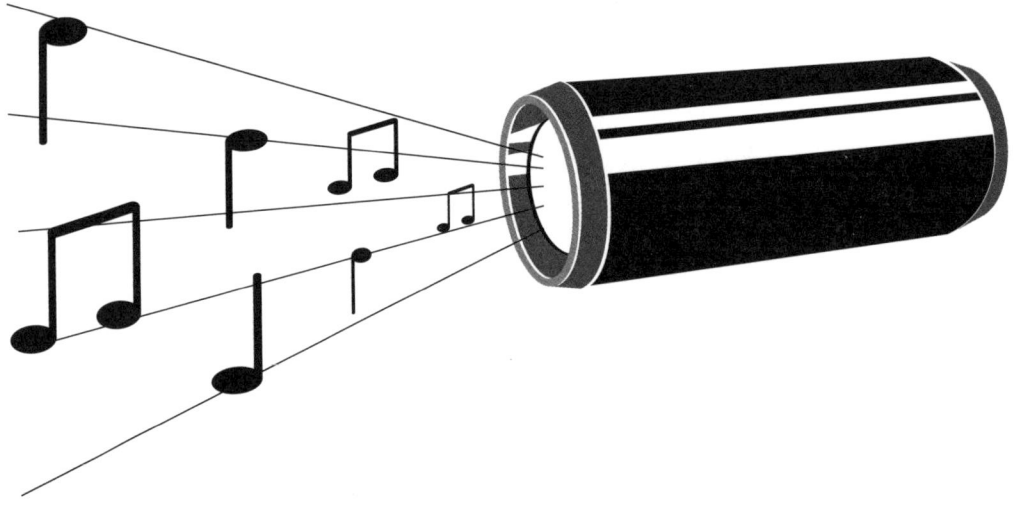

□ **97.**

NACHTS AUF DEM WEG ZUR CAMPINGPLATZ-TOILETTE IM LICHT DER TASCHENLAMPE EINEN GESCHICKLICHKEITSLAUF ABSOLVIEREN

Die Kunst besteht dabei, trotz eingeschränkter Sichtverhältnisse und gefährlicher Restmüdigkeit unfallfrei über gespannte Zeltseile zu klettern und gleichzeitig auf stramm gespannte Wäscheleinen zu achten. Beide Hindernisse hemmen den Vorwärtsdrang empfindlich, vor allem wenn der Druck zur Eile treibt. Besonders die Begegnung mit einem Kunststoff-ummantelten Drahtseil konfiguriert Ihren Adamsapfel vollkommen neu.

ALS CAMPINGPLATZ-TESTER KOSTENLOS DIE SCHÖNSTEN PLÄTZE DEUTSCHLANDS ERLEBEN

98.

Ein Traum für alle Camping-
freunde: Quasi-Flatrate
mit Erlebnisgarantie.

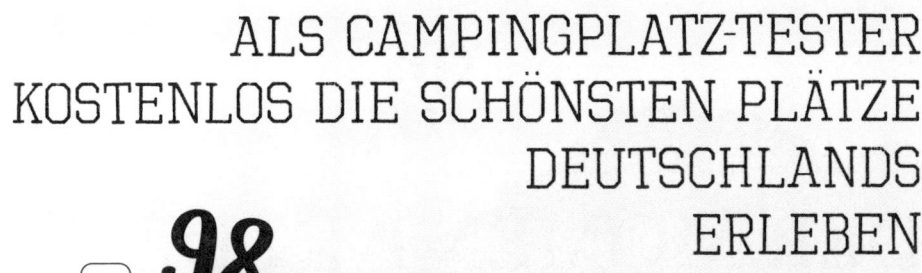

DER MOMENT IN DEM MAN FESTSTELLT, DASS DIE RESERVE-GASFLASCHE EBENFALLS LEER IST

Der kalte Schauer, der einem besonders bei niedrigen Außentemperaturen dann über den Rücken läuft, prägt für alle Zeit. Vorteil: Das Improvisationstalent wird geschult, beim Versuch, in möglichst kurzer Zeit noch Ersatz zu besorgen.

IN AUSTRALIEN EINEN EISKRATZER SCHMERZLICH VERMISSEN

Bei einer Reise durch den Fünften Kontinent sollte man dieses kleine Detail im Gepäck haben: einen Eiskratzer. In Zentralaustralien (Outback) kann die nächtliche Temperatur im Juni/Juli auch gerne mal unter den Gefrierpunkt sinken. Aber keine Sorge: Mit Tagestemperaturen über 30 °C kann man auch warten bis die Sonne ihr Werk verrichtet hat.

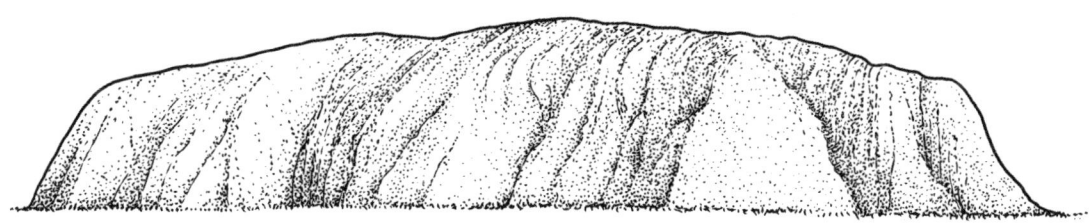

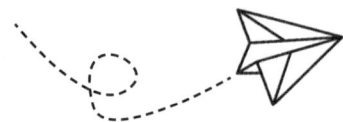

Unsere Buchtipps

128 Seiten, 165 x 210 mm,
Softcover
ISBN: 978-3-95843-988-7
€ 9,99

128 Seiten, 170 x 240 mm,
Hardcover mit Ausstanzung
ISBN: 978-3-96664-192-0
€ 14,99

128 Seiten, 170 x 240 mm,
Hardcover mit Ausstanzung
ISBN: 978-3-96664-030-5
€ 14,99

128 Seiten, 170 x 240 mm,
Hardcover mit Ausstanzung
ISBN: 978-3-96664-031-2
€ 14,99

für Camper

192 Seiten, zahlreiche Farbfotos,
140 x 210 mm, Softcover
ISBN: 978-3-95843-048-8
€ 19,99

160 Seiten, 210 x 260 mm, zahlreiche Abbildungen, Hardcover
ISBN: 978-3-95843-874-3
€ 22,–

176 Seiten, 150 Fotos,
183 x 225 mm, Softcover
ISBN: 978-3-86852-361-4
€ 16,99

144 Seiten, zahlreiche Fotos,
203 x 254 mm, Softcover
ISBN: 978-3-95843-626-8
€ 19,99

Buchhandlung und unter www.heel-verlag.de

LIFE IS BETTER

IN A

Camper